Mon-espoir MFINI
Freud MAHOUNGOU

PLAIDOYER POUR UN RETOUR À L'AMOUR

Mon-espoir MFINI
Freud MAHOUNGOU

PLAIDOYER POUR UN RETOUR À L'AMOUR

Poésie

Éditions Muse

Imprint
Any brand names and product names mentioned in this book are subject to trademark, brand or patent protection and are trademarks or registered trademarks of their respective holders. The use of brand names, product names, common names, trade names, product descriptions etc. even without a particular marking in this work is in no way to be construed to mean that such names may be regarded as unrestricted in respect of trademark and brand protection legislation and could thus be used by anyone.

Cover image: www.ingimage.com

Publisher:
Éditions Muse
is a trademark of
Dodo Books Indian Ocean Ltd., member of the OmniScriptum S.R.L Publishing group
str. A.Russo 15, of. 61, Chisinau-2068, Republic of Moldova Europe
Printed at: see last page
ISBN: 978-620-2-29917-6

PLAIDOYER POUR UN RETOUR A L'AMOUR

Mon-espoir MFINI & Freud MAHOUNGOU

« L'amour, sans l'estime, n'est plus rien qu'un caprice. »

Introduction

Et si je vous disais qu'en amour, pour qu'une histoire fonctionne, il existe quelque chose d'aussi important que la personne que l'on rencontre : le moment de la rencontre... Ne vous êtes-vous jamais dit que si vous aviez croisé telle ou telle personne à un autre moment de votre vie, de votre évolution personnelle, vous seriez passé à côté d'elle ? Ou qu'au contraire vous auriez vécu une belle histoire avec elle ?

C'est pourquoi il me vient une autre question : vous, qui avez envie de rencontrer l'amour, avez-vous intégré à votre réflexion sur votre démarche la notion de temps ? En d'autres termes : êtes-vous prêt à faire la rencontre qui doit changer votre vie ?

Le timing, en amour comme dans d'autres domaines, peut tout faire basculer. Etes-vous prêt à disposer d'assez de temps pour votre compagnon ? cette question n'intéresse très souvent pas les jeunes amoureux. Ils se contentent à se cramponner à la chaleur qu'ils ressentent et qu'ils veulent dégager en se mettant ensemble mais passent à côté d'une question assez cruciale et importante en amour, celle du temps qu'on peut accorder.

Bon nombre de personnes se disent aimer mais ne parviennent pas à disposer du temps pour les personnes qu'elles disent aimer. Peut-on prétendre aimer une fille ou un homme si on ne peut lui accorder du temps ? c'est là une question qui a suscité en nous le désir d'écrire ces quelques paroles que nous croyons pouvoir toucher votre sensibilité afin de vous emmener à comprendre la portée de l'amour et son importance.

Aujourd'hui l'amour est devenu un effet de mode dans certaines sociétés, ainsi, des personnes se mettent en couple parce que la société fonctionne de la sorte. On est comme en face d'une loi qu'on est obligé de respecter. La similitude entre la loi et l'amour trouve son sens dans ces sociétés qui ont fait de l'amour une question de coutume, un effet de mode plutôt qu'une question de cœur et de conviction, il est devenu semblable au fait d'aller dans une église qui est aussi un effet de mode pour certains. Ainsi, lorsque ces personnes effectuent un déplacement migratoire, elles emportent avec elles leurs habitudes qu'elles imposent dans les sociétés d'accueil. De la sorte, c'est la planète toute entière qui souffre aujourd'hui de cette maladie qui est plus incurable que le sida ainsi que la Covid-19.

Qu'est-ce que nous pouvons encore dire ? qu'avons-nous oublié ?

Nous avons oublié ces hommes et ces femmes qui se disent aimer mais qui n'ont jamais pensé rencontrer leurs partenaires. Une femme qui aime doit ressentir de l'excitation lorsqu'il faut qu'elle rencontre son homme. Elle doit même être triste lorsqu'après une longue période, elle n'a pas vu son partenaire. Or, aujourd'hui encore et dans bien de civilisations, on a des femmes et des hommes qui peuvent vivre des semaines, des mois, des trimestres, des semestres, des saisons et même des années sans penser à voir leur partenaire et ce sont ces mêmes personnes qui parlent d'amour. Ne dit-on pas que la nature a horreur du vide ? lorsqu'il y a un vide dans une nature, la nature s'acclimate à ce vide et devient elle-même un vide c'est ainsi qu'on assiste à des tromperies dans des couples, à des envies opposées à l'amour, et en fin des divisions sans pareilles et répétées.

L'amour est semblable à une fleur qui ne demande pas grand-chose si ce n'est d'être arrosée tous les jours afin qu'elle ne meurt pas. Pierre de RONSARD pouvait parler de cette rose qui avait déclose sa robe de pourpre au soleil et qui perd cette vesprée et que ses beautés laissées choir.

L'amour est semblable à un corps qui a besoin d'être nourri tous les jours afin de garder la forme. L'amour est même un corps car, si on ne l'arrose pas, il meurt telle une voiture dont l'entretien n'inquiète guère son propriétaire.

Qu'avez-vous fait de votre amour ? accordez-vous du temps à votre partenaire ? êtes-vous très souvent ensemble ? nourrissez-vous votre amour ?

Ou par contre vous n'avez pas le temps ? ou encore vous ne ressentez pas l'envie de vous voir ? ou même que vous êtes insensible ?

Si vous êtes dans un tel cas, informez-en votre partenaire afin que vous puissiez ensemble trouver des solutions pour y remédier. C'est cela le vrai amour, aider l'autre à se surpasser, à atteindre un autre degré, le degré de la folie sentimentale. Trop aimer n'a jamais été un péché si ce n'est que dans les sociétés qui ont fait de l'amour une question coutumière.

Dans ces mêmes sociétés, force est de constater que la question de l'amour demeure intimement liée à celle de l'argent. Ainsi, certains se mettent ensemble pour de l'argent. Dit-on, 60% des couples jeunes en Afrique sont ensemble pour des raisons similaires ou presque. Où est donc passé l'amour ? dans quel armoire avons-nous rangé l'amour ? sortons-le ! exposons-le à la surface de la terre, présentons-le à ceux qui croient qu'il n'en existe que des preuves, aimons ! aimons ! plaidons pour le retour à l'amour afin que nous puissions vivre des moments de beauté, des moments de charme et de sensation. Plaidons pour le retour de cet amour qui est semblable aux archétypes du monde intelligible.

Plaidons le retour à cet amour par le biais de ce recueil de poème.

« Le véritable amour ne connaît ni la fatigue ni le repos. »

Titre préliminaire

Au lecteur

Sans doute arpentant votre cœur indifférent,
D'un air sans transe et tout banal,
Vous direz :ô l'amour loin des conquérants,
Est mort comme dans les anales.

Ou direz-vous que bien au contraire,
L'amour survit dans nos regards,
Qu'il faille y croire sans se taire,
Par nos vies et par nos égards.

Donc librement et tout audacieux,
Une logique survole vos pensées,
Qu'il est vrai que l'amour rend capricieux,
Que vous soyez juste ou insensé.

Pour des raisons drôlement similaires,
Nos histoires se défilent comme de la routine,
Comme s'endurcir et être suicidaire,
Quand la trahison vient par l'intime.

Mais nos jours comme le ciel embrasé,
S'illuminent comme par une espérance,
Même avec ce cœur boitant et fracassé,
On fuit nos noires errances.

Et ici comme tout ailleurs,
Le monde nous sourit cher lecteur,
Que votre histoire soit pire ou meilleure,
Vous y êtes l'unique et le seul acteur.

1– Amour

Il est des choses que Dieu ait fait dans son immense grandeur,

Au-delà de l'éphémère et de la perversion humaine,

Comme l'amour vrai, immaculé et sans haine,

Donné aux hommes pour son immense splendeur.

Pour des illustres délices du monde invisible,

Cachées aux yeux des hommes, de simples mortels,

Qui se disent que la vie comme telle,

Est faite de mystères irréversibles.

Que l'on soit jeune, que l'on soit vieillard,

Que l'on soit valide ou handicapé,

De l'amour qui peut s'échapper!

On est tous pris par son brouillard.

Même la peau douce par sa couleur,

Noire ou blanche est malheureuse victime,

De ce sentiment doux et trop intime,

Qui remplit nos pauvres âmes de douleur,

À chaque instant qu'on s'y approche,

Par la confiance ou par l'aventure,

Sans parfois être de vrais matures,

On le dit partout à nos proches :

Je suis amoureux, haut et fort !

Tels des hommes saints loin des blessures,

Dit-on l'âme sœur nous rassure,

En amour on a plus d'efforts.

Sans savoir l'amour est une énigme,

Qui n'a ni savant, qui n'a ni âge,

Qui n'a ni maître, qui n'a ni sage,

Dans sa maison, son paradigme.

1 – L'amour parti d'Afrique

Sur le quai des cœurs déprimés, des amants crient:

Ô amour a quitté notre terre,
Loin de nos pleures et de nos âmes qui prient,
Nuits et jours le bon et souverain Père,

Ayez pitié disent-ils de nos vies infidèles,
Qui voltigent sans cesse sur les courtisanes,
Balançant avec soin cette ribambelle,
Et faisant de nous de pauvres ânes.

Ô amour revient notre humanité,
Voici donc l'Afrique, voici ton berceau,
Où jaillissent ces belles fleurs de qualité,
Qui ne connaissent la noirceur ni le verso,

Devant son élixir enivrant et si fort,
Où succombent même les chastes,
Qui se disent trouver le réconfort,
Dans ses bras aussi vastes.

Comme disent les Baobabs d'Afrique:

Ô l'amour, un fruit bon à croquer.
Nul homme ne connaît sa fabrique,
Ô même les anges peuvent y craquer.

Mais hélas qu'il n'est plus d'Afrique,
Depuis la naissance du superficiel,

À cause de ces feuilles, à cause de ce fric,
Qui au final est artificiel.

2 – Second sens

Ce sens est-il la fille de la débauche ?

Ce sens dont savourent nos proches.

Tout près de ce gouffre sombre et sinistre,

Faisant tomber un par un, tel un filtre.

Sans savoir que l'amour est dénaturé,

Par des actes vils et prématurés,

Cautionnés par des hommes et des femmes matures,

Posant cependant des actes immatures.

Pour de terribles et vagues dépravations,

Un chemin ouvert vers la condamnation,

Réclamée par ces âmes et démons,

Qui attendent leur mort calmement.

Dira-t-on le poids du progrès ?

Pour justifier nos absurdes regrets?

Sans doute avec beaucoup d'insouciance,

Ô de leur part quelle inconscience!

Peut-être doit-on vivre avec ce sens,

De l'amour faux en effervescence,

Pour comprendre enfin ce faussé,

Creusé par ces Hommes aux cœurs fauchés.

3 – Être aimé à l'époque

Raconte-moi ô maudit siècle !

Oui raconte-moi la vieille époque,

Où l'amour n'était pas la routine, le cercle,

Où nos beaux sentiments étaient réciproques.

L'époque de la vraie rose et de la lettre en papier,

Écrite avec passion pour la lanterne de nos nuits,

Sous un arbre ensoleillé tantôt débraillé et nus pieds,

Tels deux enfants s'amusant jusqu'à minuit,

Oubliant le monde fou, ses caprices et ses vices,

Tellement l'amour était réel, tellement l'amour était beau,

Entre les parents et même entre les fils,

On sentait sa douceur comme les gouttelettes d'eau.

Et le sommeil était parfumé de rêves paisibles,

Le réveil lui d'un sourire noble,

Les preuves de l'amour étaient bien visibles,

Comme la foi dans un temple.

Les caresses et promesses furent l'ami du fidèle,

On aurait dit l'extrême image des écritures,

Ô le monde était beau, ô la vie était belle,

Que la tristesse ne pouvait prendre son investiture.

Même la déception qui comme un aigle survolait,

Les cœurs des amoureux pour y planter sa graine,

Se lassait de sa barbarie qui s'immolait,

Pour s'apitoyer sur son énorme gangrène.

C'était-là la plus belle des saisons,

Où être aimé fut une chandelle,

Où on tombait amoureux sans raison,

Sans craindre que l'on chancelle.

4 – Être aimé aujourd'hui

Être aimé aujourd'hui a priori nécessite,

Rien qu'une condition que les hommes convoitent,

Avoir l'argent et aller en boite,

Même si l'âme tombait en déficit.

Sans-façon par un discours harmonieux,

Certaines femmes par leur beauté libertine,

Disent: peu importe que les hommes baratinent,

Leur égo naïf et pourtant calomnieux,

Par des fantaisies et désirs enfantins,

Qui aboutissent aux actes bien infâmes,

Ô regardes-toi belle et jeune femme!

Tu es devenue l'épouse de Lutin.

Même ces hommes dit-Exclus, donc

engagés,

Au pied de l'Eternel et de l'Etat,

Commettent bien plus qu'une vendetta,

Quand face à la belle-de-nuit l'anneau est dégagé.

Et c'est le revers de l'amour qui refait surface,

Entre ceux qui pleurent et plaident son retour,

Et ceux qui pensent être des vautours,

Dans cet univers où tout se fracasse.

5 – En Afrique Juda vint en amour

Juda un jour comme un astre,

Tomba du ciel jusqu'en Afrique,

Avec son baiser du désastre,

Pour rendre l'amour si maléfique.

À l'insu des couples idéales,

Qui s'enjaillaient par effet de chance,

Sous une clarté nivéale,

Et d'une musique vachement dense.

Ses ondes se propageaient à petit feu,

Et tristement des amants furent menteurs,

Avoir cinq concubines devint leurs vœux,

Leur défi fut à la hauteur.

Ce fut là l'absolue trahison,

Comme le baiser de Juda avec le Christ,

L'amour convalescent et sans guérison,

Somnolait dans les oublis tristes.

6 – Révolution en amour

Un jour l'amour serait vénale,
Disaient le prêtre et le pasteur,
Des hommes comme des imposteurs,
Feront des choses très banales.

Quand l'intérêt seul sera vénéré,
Beaucoup oublieront l'amour essentiel,
Sous le trait événementiel,
De la mode qui serait généré.

Au bout des lèvres lira-t-on:
L'amour est mort, l'amour est parti,
Nos sentiments nous en menti,
À chaque peine dira-t-on.

Le refus de partir à nouveau,
Et la peur d'être des martyrs,
De quitter ce monde et de partir,
Or que l'amour à tout faux.

Pourquoi nous dire attachons-nous,
À cette chose qui nous blesse tant,
Nous malmène, nous laisse tant.
Révoltons et fâchons-nous.

7 – Nostalgie Africaine

Beauté africaine ô femme de dignité,
Pas très longtemps tu étais révérée,
Par ton attitude sobre de déité,
À laquelle des femmes se sont référées.

Sans brin de perplexité les hommes se donnaient,
À ta beauté ravissante, pleine de souplesse,
Dans les coulisses ils se fredonnaient,
Que tu étais la reine, que tu étais la duchesse.

Face à face le regard intense,
On t'avouait même le plus sombre des secrets,
Qui voguent sans limite sur l'impotence,
Et sur l'intimité qu'il se crée.

Parler de toi c'était faire des éloges,
Comme le berger des âmes dans son homélie,
Comme le bon juge sous sa toge,
Pour raviver cette beauté ramollie.

Beaucoup près à ravir tes fous caprices,
Se livraient à la liberté excessive,
Entre la jalousie et l'avarice,
Se violaient les règles régressives.

Hélas à ce jour celui du superflu,
Même ces sentiments à ton égard,
Personne ne te regarde, personne tu n'influe,
Désormais tu es la catin, à qui on fait le bazar.

8 – Amour sous-estimé

Ô Femme noire, femme de rêves!

Tes émotions se sont corrompues,

Et on voit cet amour qui se crève,

Par la confiance et le cœur rompus.

Tout pour toi ne se résume désormais,

Qu'à l'appât du gain et l'hypocrisie,

Qui jadis nous désarmaient,

Sans vigilance et ainsi,

On se donnait par pure vénération,

Par pure passion et pure liberté,

C'était là notre condamnation,

Par les séquelles de notre puberté.

Ton image n'est plus le reflet splendide,

De ce que ton cœur au fond pense,

Tu n'es plus que folle et candide,

Loin de la seconde chance.

Et tu dis pouvoir estimer,

Un seul jusqu'à la fin des temps,

Or au fond il est sous-estimé,

Pendant des lustres, pendant longtemps.

9 – L'homme qui mérite l'amour

Sournoise lésine fleuri au fond des abîmes
obscures,
Poussant à gémir le genre féminin,
En proie à ce sentiment de mauvaise
augure,
Qui empire leurs jours et leur lendemain.

Il est désormais sûr et de coutume d'or,
Que l'amour se livre sans doute à l'argent,
Que sa flamme olympienne ou magnifique s'en dort,
Et que les cœurs se crient fort ``urgent``.

L'homme qui mérite à ce jour les doux baisers,
À la claire de l'une, du ciel étoilé,
Est d'une poche claire et très apaisée,
À la sonnette, des vaines envies dévoilées.

Leurs tombeaux invisibles dansent comme au cabaret,
À la vue de ces amuseurs qui disent: on s'en fou,
En dégustant les liqueurs sans être effarés,
Jusqu'au bout de la nuit et à la mort des sous.

Et dans les rues côtes à côtes faisant du
boucan,
La main dans la main, dans ces odeurs
dégoûtant,
Même le diable se demande jusqu'à quand,
Seront-ils ignobles et très déroutant.

Au fond se moque-t-il de leurs âmes
incrédules,
Au faux remords et aux visages lâches,
Qui disent: jusqu'au crépuscule,
Nous ferons des gains et des sales tâches.

10 – Femmes confondues

On aurait dit que la femme au cœur radin,

Ressassait sa vie dans les HLM,

Et dans les rues des sales catins,

Où disent les impudiques: Ô que je l'aime.

La confusion entre la noble et la misérable,

Était telle qu'évidente sans incertitude,

On savait que les belles adorables,

Se lamentaient de leur turpitude.

La passion dans les histoires vraies,

Faisait battre les cœurs à la convoitise,

Les présents, les câlins étaient frais,

Comme ce chant qui conscientise.

Le rythme à la lenteur symphonique,

S'arc-boutait sur la vie des couples,

Une lumière majestueuse au sentiment euphonique,

Qui supprimait la vie double.

Hélas! L'esprit a cédé aux penchants,

Et la sainte vierge délecte la luxure,

Au fond de ces abysses tellement tranchants,

Et sa vie perd toute sa mesure.

11 – Sa mission

L'amour avait certes ses péripéties,

Les hommes avaient leur légèreté,

Et les femmes se débattaient que d'ici,

L'amour perdra toute sa clarté.

Comme par un sort inespéré,

Un bon jour les femmes ont dit:

L'amour devient désespéré,

Selon les dires, selon les ont dit.

Les hommes dans de vaines plaisanteries,

Et dans la nonchalance ont banalisé,

Voilà qu'a pris naissance cette misandrie,

Qui leur a tous paralysé.

Dès lors chacun se lamente,

Mais à dieu les vieilles pulsions,

La femme n'a plus de honte,

Faire tomber c'est sa mission.

12 – Quand on aime on est présent

Quand un homme ou une femme comme par une étreinte,
Tombe dans les bras d'un parfait inconnu,
Qui par son agilité laisse son empreinte,
Telle une bête à la tête cornue;

L'idée de la faucheuse lui échappe lentement,
Entre les caresses et les petites amourettes;
Comme qui dirait tout bêtement,
L'amour croqué du bout des fourchettes.

L'espoir assombri devient illuminé,
Par ce beau temps accordé à l'un et à l'autre;
Entre les soupçons inutiles, délaissés et éliminés
D'où se déclare : l'amour est des nôtres.

Le doux parfum de sa rosée enjolive,
Par l'expiation les fautes involontaires,
Pour couvrir leur amitié de sublimes olives,
Comme si c'était héréditaire.

Et quand l'homme par la douleur et la vaine amertume,
Réclame la tendresse qui fait taire ses larmes,
Ô mon bien aimé qui t'importune ?
Demande la belle dame avec tant de charme.

Et le chagrin qui jadis unilatéral,
N'est plus rien qu'un sombre souvenir;
L'amour est devenu bilatéral,
Qui plonge dans un perpétuel devenir.

13 – Discours des jeunes naïfs.

Ô mes dames et messieurs voyez-vous!

Vous qui autrefois plaidiez la supplique,

Auprès du très haut l'amour authentique,

Qui aujourd'hui a manqué son rendez-vous.

Vous voguez là dans les vagues de détresse,

Et dans vos cœurs tout crie SOS,

Le symbole du danger que vos vies encaissent,

Et dans vos yeux se désigne la tristesse.

Vous voyez en même temps monter avec entêtement,

La race juvénile remplie d'amoureux,

Et vous dites: Ô pauvres petits malheureux,

Attention de pleurer bêtement.

Quelle ironie disent-ils en revanche,

Le bonheur appartient à ceux qui l'arrachent;

Quand tel un aimant votre cœur s'attache,

Votre soif facilement s'étanche.

C'est comme l'oasis dans le désert lointain,

L'âme sœur est une gouttelette qui ravitaille,

Comme le gourmand face à une ripaille,

Se laisse aller par ses désirs crétins.

14 – Perfection recherchée

Que dire donc encore de cet ère morne et pâli,

Au fond de nos habitudes vainement détestables,

Loin de ce que l'on pourrait dire polis,

Et considérer par nos cœurs acceptables.

Malgré tout par pure et simple hardiesse,

Les cœurs obstinés redécorent l'aventure,

Aux prix de leurs vies et de leur richesse,

Pour eux la seule et l'unique armature.

L'amour comme un art cherche son artisan,

Et comme la musique aux lèvres du mélomane,

Comme le pigeon roucoulant et courtisan,

Par sa chaleur comme un vrai pyromane.

Si les compagnons se blessent à tout moment,

C'est que leur cœur invente la perfection,

Comme s'ils pouvaient atteindre les firmaments,

Et faire taire l'imperfection.

Un amour vrai se vit tout simplement,

Hors du superflu, des algèbres imaginaires,

D'où l'on se contente tout calmement,

De nos sentiments qui se régénèrent.

Pourquoi vouloir plaire jusqu'au parfait ?

L'apanage des dieux seuls et des autres divinités,

Ô vous êtres imparfaits!

Revêtez juste la sincérité.

15 – Versatile

Les maîtresses et les tourtereaux,
Se doutaient bien que l'amour était beau.
Donc par un esprit audacieux et stupide,
Ils se croyaient forts et intrépides.
On aurait dit l'horizon d'une nouvelle optique,
Tenue par de longues et larges portiques.
Et comme par une prédestination,
Filait en douce leur procrastination.

La logique au bout de l'immense volupté,
Tel un sort du magicien à envoûté.
Celles qui spontanément se délectent,
Par son envoûtante gouttelette.
Telles des abeilles fabriquant du miel,
Provenant de ce royaume du ciel.
Bannissant l'imperfection résistante,
Par des émotions palpitantes.

Or l'amour devenu fort tourmente,
Comme une angoisse éprouvante,
Du fond des abysses méconnus,
Le royaume du Diable inconnu.
Si ce n'est que par la grâce,
En amour nous avons une place.
Tout autant que les misérables victimes,
Ô nous miséreux intimes.

La nuit nous portons la certitude,
Et le jour la servitude,
Tellement l'amour est versatile,
Qu'on se le demande, qu'a-t-il.

16 – Dans l'ombre du mensonge

Ô un cœur mentirait-il à un cœur?
Ou un démon fuirait-il un démon?
Ô quand l'amour nage dans les pleurs,
Rien ne se fait plus gaiement.

Quelle angoisse fatidique au bout du mensonge,
De ceux qui prétendent s'amouracher,
Dans les jardins publics et dans les songes,
Un Espace de vie panaché.

L'horrible, l'éternel rival des époux,
Le mensonge indocile dans les messes basses,
Qui met au garde à vue l'amour tout débout,
Et l'on se questionne: Ô qu'est ce qui se passe !

Et les époux vachement victimisés,
Jouent aux faiblards et aux bouc émissaires,
Et le voisinage dit: vous avez dramatisé,
Ô vos grandes bouches à quoi ça sert.

À la médisance vaniteuse et infortune,
Ou à l'injure insignifiante et malsaine?
Qui brille de vos lèvres telle une fortune,
À porter de main par un pirate sans peine,

Ô toi l'image de la grande autorité,
Bannis de ta main le sournois et l'opprobre,
Et revêt donc ton immense notoriété,
Pour boire enfin du jus d'octobre.

Et porter au repos ton âme défoulée,
Des obscurs désirs qui sans cesse nous captivent,
Dans les larmes et les sentiments refoulés,
Qui à chaque instant nous démotivent.

17 – L'amour c'est la maturité

Le printemps de la vie aurait dû comme le rossignol,
Nous enseigner les prémices de l'amour,
Et nous caressant comme ce chat qui miaule,
Ou ce coq à la poule qu'il fait sa cour.

Nous laissant clamer comme les troubadours,
De la vieille époque l'expression poétique,
Ou le magicien par ces vieux tours,
Tournant nos vies en chose pathétique.

Or l'amour est une Tour de Babel,
Comme des sauterelles, voltige à sa façon,
Quoique comme ces vieux Caïn et Abel,
La haine nous traumatise, et ce sans façon.

Cloué comme le sauveur immaculé et bon,
Sur ce bois épouvantable et tellement pénible,
Secouant sa tête portant ce ruban,
Et réclamant sa vie antérieure et paisible.

L'instinct juvénile palpite sans relâche,
Sous les auspices du doute et l'immaturité,
Car sa vie fragile est tellement lâche,
Et demeure loin de la maturité.

18 – L'oiseau prit son envol

Nous avons en Afrique hélas!
Pris l'habitude de l'appeler comme ça:
Un oiseau merveilleux à deux faces,
Qui jadis dans nos cœurs dansa,

Une mélodie calme et sublime,
Chantée par le vent de nos fantasmes,
Qui venait du fond des abîmes,
Pour créer en nous un marasme.

Cet oiseau d'évidence mal nourri,
Méditait peu à peu la rébellion,
Car son nid sentait le pourri,
Or lui rêvait le médaillon.

À travers une noble assistance,
Très légèrement perceptible,
Qui paraît son existence,
D'une beauté perfectible,

Au prix comme toujours d'un égo,
Qui turlupine les amoureux,
Et qui voilent leurs défauts,
Pour s'appeler malheureux.

Et comme ces Africains profanes,
Ne purent assouvir ses obligations,
Regardèrent telle une fleur qui fane,
L'amour en disparition.

Et le pauvre oiseau prit son envol,
Pour un monde bien imaginaire,
Où aucun être ne s'affole,
Où il y'a une nouvelle ère.

19 – La belle et la bête

L'amour comme la belle traversait des jardins,
Et de sa bouche sortait une belle mélodie,
Et l'africain comme la bête par une parodie,
Cherchait qui dévorer par son cœur crétin.

Tous deux se promenant loin sans perspectives,
Dans des endroits calmes et similaires,
Et les merveilleux anges les témoins oculaires,
Rendirent leur rencontre fort attractive.

Entre les deux, la bête prit sa perfidie,
Et comme une poule, la couvrit sous sa gentillesse,
Et faisant semblant d'une politesse,
La belle crut voir un beau paradis.

À son tour la belle prit de douces pétales,
S'exhibant les remis à son prince charmant,
Avec un amour fou et tellement ardant,
Qu'elle en faillit perdre même les pédales.

Or ce fut là pour belle tendre et naïve,
Un chavirement vers les émotions lubriques,
Qui comme un moule fabrique,
Une image tellement attractive.

Puis la bête remplit d'indifférence,
Trimballa le cœur de la belle sans raison,
Elle qui, amoureuse à chaque saison,
Ne regardait plus leur incohérence.

Malgré tout se livra sans réserve,
À la laideur de sa fourbe apparence,
Qui traîna son cœur dans la carence,
De ce que l'on chérie que l'on préserve,

Et dommage que la bête très aveuglée,

Ne se douta guère de son départ,

Même au travers de son regard,

La belle ne fut plus comblée.

20 – L'arbre allégorique

Au milieu d'un jardin comme en Eden,

Poussait un arbre qui fleurissait.

Et qui par le vent ses feuilles brandissaient,

Qu'on pouvait sentir sa joie à peine.

Chacun selon son individuel désir,

Venait nuit et jour pour le défeuiller;

Ainsi d'autres venaient au tronc pour y sommeiller,

C'était l'aurore de l'amour en un seul plaisir.

L'osmose entre l'Homme et les feuilles,

Sans équivoque était si brillant;

Et la danse de l'amour si bruyant,

Repoussait de très loin l'horrible deuil.

Entre jouissance et ivresse,

Le doute vacillait sans interruption.

Car l'amour faisait son éruption,

Avec tant de muscles et tant d'hardiesse.

Ces feuilles étaient l'amour en toutes espèces,

Qu'on ne se lassait de les déguster.

Face à sa saveur on ne pouvait résister,

Comme à cette flèche qui transperce.

Et à force de faire la cueillette,

Cet arbre fut dépouillé de sa nature.

Et fit naître la fermeture,

De l'amour comme à l'aveuglette.

21 – Trop tôt

Un bon jour j'ai vu ce fameux fruit,

Sans m'y attendre telle une belle fiction,

J'ai voulu y goûter sans émettre de bruit,

Et il m'a envoûté telle une addiction.

Et j'ai vu naître cette émotion perverse,

Au bout de mes yeux telle un mou châssis,

Pour détourner mon regard qui s'inverse,

Et me dire que la vie est faite ainsi.

Des désirs et des envies qui palpitent,

Le langage des sentiments assoupis,

Et voir ce cœur qui s'agite,

Comme un avare face à une roupie.

L'envie nous possède sans doute des fois,

À notre insu et reste incognito,

On perd le contrôle et parfois la foi,

Et le bon Dieu nous dit que c'est trop tôt.

On se livre toujours sans méditer,

À un amour souvent avare,

Qui nous livre sans se limiter,

À une mort par un hasard.

22 – Rêve d'enfant brisé

Encore petits nos esprits voyageaient,

Dans l'imaginaire parfait et sans faillite,

Oubliant ces caprices qui nous rangeaient,

Tel un vieux captif qu'on acquitte.

Au milieu des foules dans nos quartiers,

Chacun son acolyte au féminin.

Dans les foutoirs et les merdiers,

Ignorant la vérité de demain.

Ainsi notre enfance une fois passée,

Les écailles une par une sont tombées,

De notre vie naïve et insensée,

Et de nos émotions vainement trompées.

Nos rêves ne furent que d'horribles fables,

Traumatisant nos esprits à chaque instant,

Qui furent faibles et trop instables,

Face à son poids résistant.

23 – Dis-moi

Dis-moi ! As-tu un jour vécu l'histoire ?

D'un amour fort et immaculé,

Au point de devenir débile ?

Et d'oublier le désespoir.

As-tu déjà crié dans le vide,

Ou dit que la vie est belle!

As-tu déjà dit qu'avec elle,

La vie est si fluide comme le liquide,

As-tu déjà dit comme moi!

Je revis par ses caresses,

Sa douceur et sa tendresse,

Que s'éveille même mon surmoi.

Dis-moi as-tu déjà dit comme Roméo,

Tu es ma faiblesse et ma Juliette,

Mon horizon et ma sainte,

La seule qui m'emporte si haut.

Et dis-moi encore as-tu déjà versé,

Des larmes pour ta Juliette,

Qui comme par une lame gilette,

A déchiré ton cœur déjà percé.

Dis-moi encore, as-tu déjà chuchoté,

Comme un opprimé au revoir l'amour,

Je t'ai aimé, je t'ai fait la cour,

Mais la paix de mon cœur tu as hotté.

As-tu enfin voulu vivre seul,

Loin de l'amour et du drame,

Qu'il procure et qu'il trame,

De nos cœurs jusqu'au linceul.

24 – Nouvelle réalité

Les choses paraissent plus différentes,

Et la réalité parait toute vaine;

Et nos vies belles et toutes errantes,

Nous remémorons nos sombres peines.

Maintenant que les hommes se méfient,

Face aux vierges dames et même innocentes,

Devenir fidèle est un grand défi,

Dans ce siècle aux farces déplaisantes.

Les doux baisers symboles uniques jadis,

D'un véritable amour et immaculé,

Titubent d'un degré de zéro à dix,

Que les femmes se livrent sans calculer.

Voilà que dans les rues se crie,

Ô vivant cet amour comme ça,

Qu'il rompe ou qu'il se plie,

Depuis longtemps il se corsa.

25 – Célibataires

De nos jours, comme au jour du festival,

L'amour vrai se camoufle entre les queues,

Pendant que les célibataires comme au carnaval,

Rêvent de se tenir deux à deux,

Main dans la main comme si l'innocence,

Avait épousé leur précieux jours,

Et leur poussant loin d'une décadence,

Pour approcher leur joie pour

toujours.

Tomber amoureux désormais vu en horreur,

Comme le crucifix face au croyant,

Et l'amour actuel telle une terreur,

Décapite l'espoir flamboyant,

Certains dans la crainte et l'incertitude,

Se mettent en spectateurs sur le quai,

Des célibataires dont l'habitude,

Est de défiler les banquets

Les promesses s'effritent ouvertement,

Comme un grain de sel dans la mer,

Et les célibataires tout délicatement,

Déguste l'amour devenu amer,

À force de le sucer sans relâche,

Comme des succubes dans des rêves,

Qui parfument les cœurs de tâches,

Pour qu'enfin ils se crèvent.

26 – Toast

Les histoires d'amour comme à la bataille,

Parsèment nos regards de victimes,

Qui s'étalent par terre comme du bétail,

Car les cœurs se sous-estiment.

Les âmes sœurs se sont déchirés,

Au fil du temps et des années,

Par un amour non assuré,

Qui a fini par les condamner.

Un ver levé tout promptement,

À ceux qui sous les Baobabs,

Espèrent encore tout lentement,

Que l'amour ne tombe plus bas.

Un ver levé sous conditions,

Pour ces africains qui se rappellent,

De nos mœurs et nos traditions,

Qui aujourd'hui s'entremêlent,

Au fond d'un voile abîmé,

Qui séparait nos deux mondes,

De l'amour, des choses animées,

Par la corruption qui nous inonde.

27 – La bonne femme

Ô c'est la femme qui nous console,
Quand dit-on notre tout se noie.
C'est comme un nouveau-né qui boit,
Le sein de sa mère et somnole.

Ô c'est la femme qui voit,
Quand notre monde se construit,
Tel un môme qu'on instruit,
Et rêve de devenir roi.

Mais de quelle femme il s'agit,
Afin que brillent nos dédicaces,
En honneur de celle qui trace,
La joie de nos cœurs qu'elle régit.

Il s'agit de la femme ancienne hélas!
Celle à qui on dit ô maman,
Que voudrais tu que je fasse,
Afin que tu vives les firmaments.

Celle à qui l'avarice se prosterne,
Car son amour est si fort,
Celle qui nous berce quand on dort,
Et quand nos cœurs se consternent.

28 – Amour faux

L'amour dans une nuisette,

Et sournois comme une bête;

Tout calme comme une nuit,

Comme les étoiles de minuit;

Nous chatouille comme des gosses,

Comme le sommeil, comme la cosse,

Et brille comme de l'or,

Sous nos yeux tout dehors,

D'un décor trop enchanteur,

Fascinant et tout flatteur,

Qui tourmente nos petits gains,

Nos petites poches et petits liens,

Quand vient le libertinage,

Qui nous noie comme à la nage;

Au péril de nos vies,

Qui chavirent et qui crient;

Que l'amour nous délaisse,

Avant que nos cœurs ne se blessent;

Par l'hypocrisie apparente,

Des belles femmes dominantes;

Qui ravagent jusqu'au bout,

La moindre pièce, le moindre sou;

De la poche des richards,

Qui n'aiment qu'au hasard;

Soit pour la splendeur,

Mais rarement pour le cœur;

Soit pour le plaisir,

Qui attise leur désir;

Pour finir des fauchés,

À la pauvreté déclenchée,

Pendant que les ravageuses,

Continue la vie honteuse

29 – Par amour

Combien de fois par nos passions,

Nous avons succombé comme des

pécheurs, Face à l'amour dont la tentation,

A fait de nous des lécheurs.

Nos vies tellement misérables,

Comme des vermines sur le

grabat, Ont léché les botes

détestables, Comme du pourceau

qu'on abat,

Des beautés lâchement déguisées,

Dont le venin faisait fondre,

L'orgueil des hommes maîtrisés,

Au prix d'un baiser sombre.

Et l'amour comme l'atroce

mort,

Devint l'ennemi des mortels,

Qui sous les cris de leurs

remords,

Ont eu peur du bordel.

Pourtant l'amour s'en est allé,

Loin des efforts de la

reconquête,

Et même quand les cœurs ont chialé,

Comme des mômes, comme des bêtes.

31- *L'indépendance*

La femme ne fut-elle que foyer ?
Ne fut-elle que pauvre et porteuse de
jouissance ?
La femme ne fut-elle que soudoyée ?
Ne fut-elle que mère qui porte la
naissance ?

La femme ne fut-elle qu'inferieur ?
Dans une société comme on le dit,
Dans les écrits de nos pères antérieurs,
Dont le conte reste inédit.

Voici cette femme qui comme une
chenille,
Sort de son enveloppe toute fière,
Et attirée comme par la vanille,
Pour s'envoler comme l'effet de serre.

Son combat pour l'indépendance,
Est certes ambigu et vaporeux,
Car l'amour dans une impotence,
N'est plus beau et savoureux.

C'est une perle d'être indépendante,
Mais l'amour doit-il en souffrir ?
Ne soyez pas aveugles ni perdante,
Nous avons de l'amour à vous offrir.

32- *L'insoumission*

À cette ère des esprits éveillés,

Où seul le progrès parcours les nations,

Et le cœur des politiques aigayés,

Qui renverse par l'aversion.

L'insoumission farouche telle une bête féroce,

Poursuit la femme avec tant d'ardeur,

Comme les épines pointues d'une rose,

Pénétrant comme avec rancœur.

L'émancipation sur de belles lèvres,

Des belles beautés bien confondues,

Comme s'il montait de la fièvre,

Sur leur corps tout détendu.

Et les maris comme de la paille,

Sont froissés par l'insoumission,

Et leur autorité sans représailles,

Est bafouée sans permission.

33- ***Aux cœurs brisés***

Ô c'est une chose bien pénible,

Qu'une évidence vécue à peine hier,

Ne soit plus qu'un souvenir noir et

horrible,

Que dans la tête l'idée de la bière,

Circule farouchement et sans s'arrêter,

Au bout des lèvres des cœurs brisés,

Et des sentiments irrités,

Qu'on ne saurait maîtriser.

Et que les grelots dans un coin du

cœur,

Devenus fidèles comme l'animal

domestique,

Nourrissent doucement la rancœur,

Que les mains taciturnes deviennent

dramatiques.

C'est une chose d'être brisé,

Et de trimballer sans cesse l'amertume,

Qu'on finit par se rebaptiser,

Cœur éploré ou cœur nocturne.

À ces cœurs qui longuement saignent,

Votre consolation sévit dans le sourire,

Demain est bien meilleur, je daigne,

Dire sans vous faire souffrir.

34- *À ceux qui ont trouvé*

Ô réjouissez vous pleinement,
Réjouissez vous, vous qui avez trouvé,
Dans la joie ou la douleur tout
simplement,
Car l'amour vous a été prouvé.

Chantez quand bon vous semble,
Cette mélodie qui scelle votre union ;
Vous êtes des oiseaux qui ressemblent,
Au paysage naturel et tout mignon.

Aujourd'hui c'est votre occasion,
Vous respirez l'amour et le bonheur,
Loin de tout vice et tentation,
Que s'en dort même votre malheur.

Et quand naîtra la détresse,
Souvenez-vous seulement de vos vœux,
Ainsi reviendra la richesse,
De votre amour délicieux.

35- Amour révolté

Comme l'amour boiteux et sans levier,

Au fond nous range comme des

asticots,

Seule la colombe au rameau d'olivier,

Saurait nous bannir ce toxico.

Comme si son orage aux lames

aiguisées,

Par sa puissance, élimine et ravage,

Tous les figurants, les gamins déguisés,

En son sein comme de vrais sauvages.

Sans pitié comme le terrible bourreau,

Décapite les pauvres, décapite les

boiteux,

Et sa fureur tel un taureau,

S'acharne sur ses faits somptueux.

Un amour jeté dans les rues,

Se révolte même aux innocents,

Qui tout primitifs et tout crus,

Ignorent ce qu'est l'amour blessant.

Ceux qui la nuit dans leur balade,

Les cœurs adoucis le ramassent,

Ne se doutent que cet amour malade,

Ne les sépare plus qu'il les amasse.

Seul être patient à la rigueur,

Saurait taire son immense fureur,

Pleine d'intensité et de vigueur,

Qui tout calme change les humeurs.

36-Demain

Demain arrive d'un pas langoureux,

Le décor ressassé par de belles

chandelles,

D'un pas calme ou d'un cri

douloureux,

Qu'on se demande : la vie est elle

belle ?

Vieux et patriarches seriez-vous,

Au pied d'un arbre et bien obombré,

Après avoir été au rendez-vous,

Avec l'amour jadis encombré.

L'un de ces petits par un

questionnement,

Vous troublera vos vides entrailles,

Et vous lui direz tout passionnément,

Que l'amour vrai laisse des entailles.

37-Peur d'aimer encore

Combien de fois devrais-je rebondir ?

Sur une chose aussi volatile,

Qui nous pousse à nous repentir,

De nos actes aussi inutiles.

Combien de fois devrais-je ressasser ?

Mes profondes blessures et peines,

Laissées par mon passé,

Rempli d'amertume et de haine.

Combien de fois dirai-je : ô femme !

Ton amour a fait mon cauchemar,

Que mes nuits aux belles infâmes,

Torpillent ma vie et se marrent.

Combien de fois dirai-je : ô homme,

Ton regard mensonger a fait mes

larmes,

Que mon hostilité comme de l'atome,

A explosé telle une arme.

Nos vies dans l'ordre réciproque,

Nous ont appris l'obscur hésitation,

Que la déception qui choque,

S'attise avec précipitation.

Une chose nous attache et nous

entrave,

Que son masque nous redécore,

Nos sentiments plus rien que des

épaves,

Par la peur d'aimer encore.

38-*Profitons*

Il faut le dire quand il le faut,
Ces mots doux, ces mots beaux,
Il faut le faire quand il le faut,
Ses actes doux et tout chaud.

Il faut danser quand il le faut,
Avec l'élu de ses rêves,
Cette danse aux petits sauts,
Bien avant qu'il ne crève.

Il faut manger quand il le faut,
Rien que deux aux chandeliers,
L'amour réel n'est pas faux,
Même face au sablier.

Il faut pleurer quand il le faut,
Quand la sincérité somnole,
Pour effacer ses défauts,
Ce qui rend l'amour plus noble.

Il faut chanter quand il le faut,

Tel un oiseau dans les airs,

Pour son ami(e), son verso,

Pour qui on pourrait tout faire.

Il faut être heureux enfin,

Quand il le faut à chaque instant,

Car la vie a bien une fin,

Profitons du temps restant.

39-*Nos actes façonnent l'amour*

Tel un nouveau né,

L'amour est tout flexible,

Son sourire pur et paisible,

Est magnifique et inné.

Ceux qui tendrement l'embrassent,

Le manipule si bien,

Sans contrepartie, à vrai dire rien,

Si ce n'est l'absence de ce qui

embarrasse.

L'amour aime la liberté,

Comme l'absolu naturel,

Comme la belle tourterelle,

Ou le jeune en puberté.

Pas besoin de magie,

Alors laisse toi guider,

Et si l'amour peut t'aider,

Quand il le faut rougis.

40-*Il faut pardonner*

Qu'a-t-il commis d'aussi grave,
Comparable au blasphème ?
Cet homme aussi jeune, si beau et si brave,
Est-il devenu fou ou simplement anathème ?

La faiblesse noire est bien enfuie dans l'humain,
Si même le tout puissant dans son cœur nous pardonne,
Qui sommes donc pour changer le lendemain,
Nos vies s'illuminent enfin et s'ordonnent,

Quand l'oublie nous habite ou

simplement nous accapare.

Qu'a-t-elle fait d'irréparable ?

Au point de l’éjecter loin et bien à part,

Cette jeune à la beauté incomparable,

Qui fait battre ton cœur ;

Peu importe la douleur, pardonne,

Pour ne pas vivre la rancœur,

Et dire enfin : j’abandonne.

Contenu

Printed by Books on Demand GmbH, Norderstedt / Germany